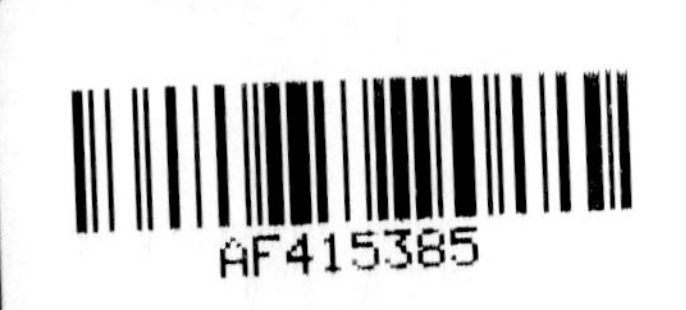
AF415385

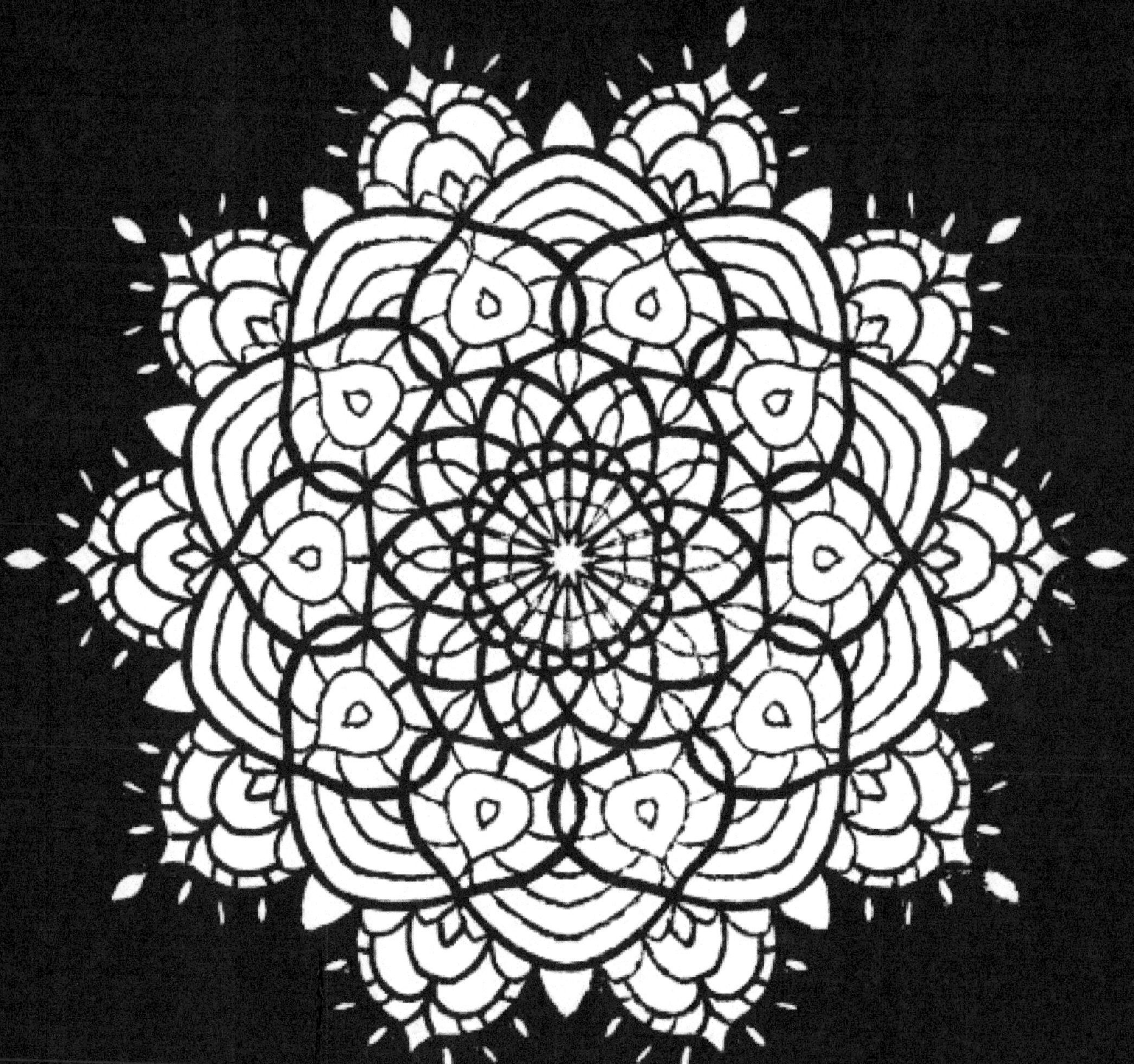

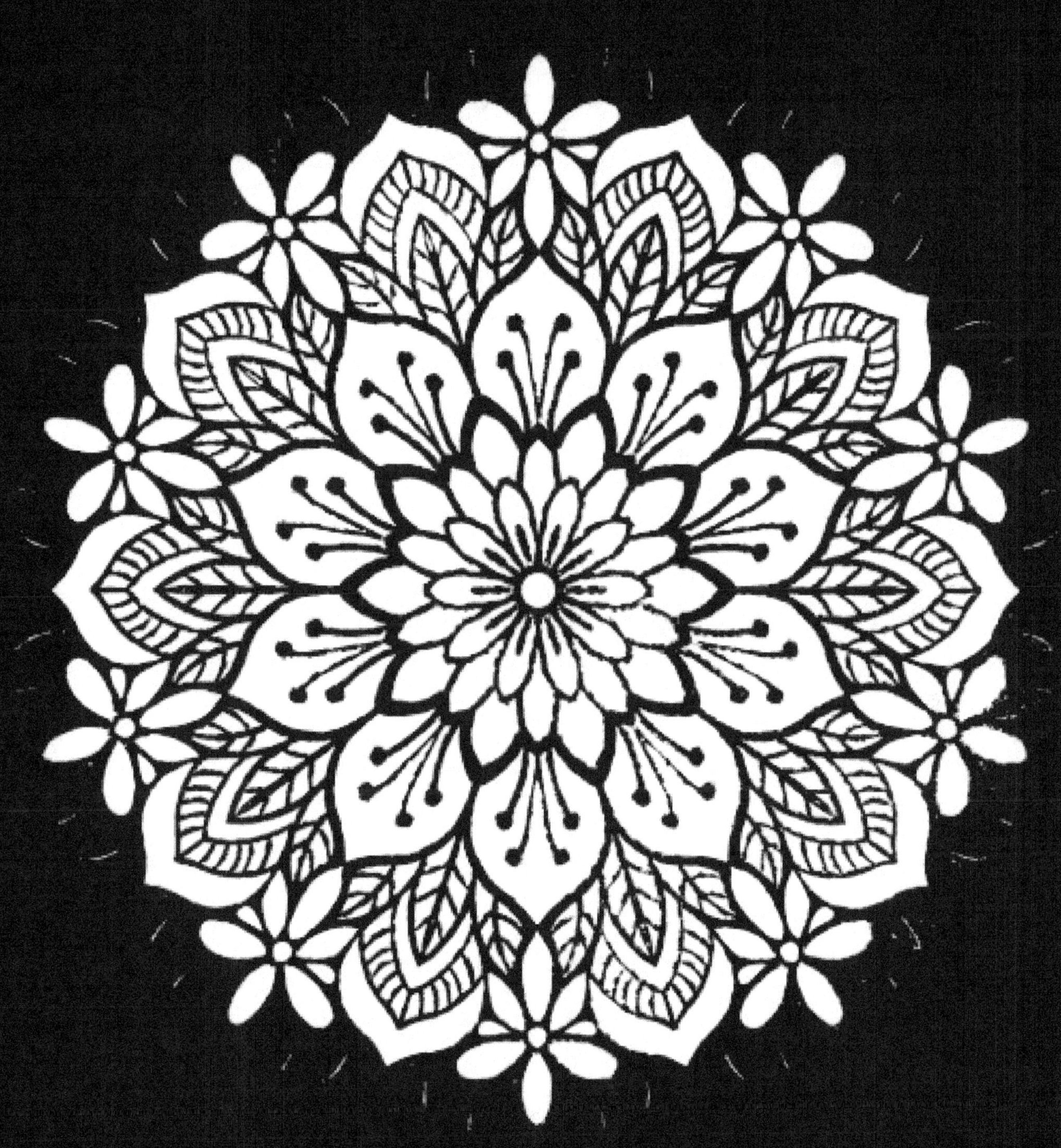

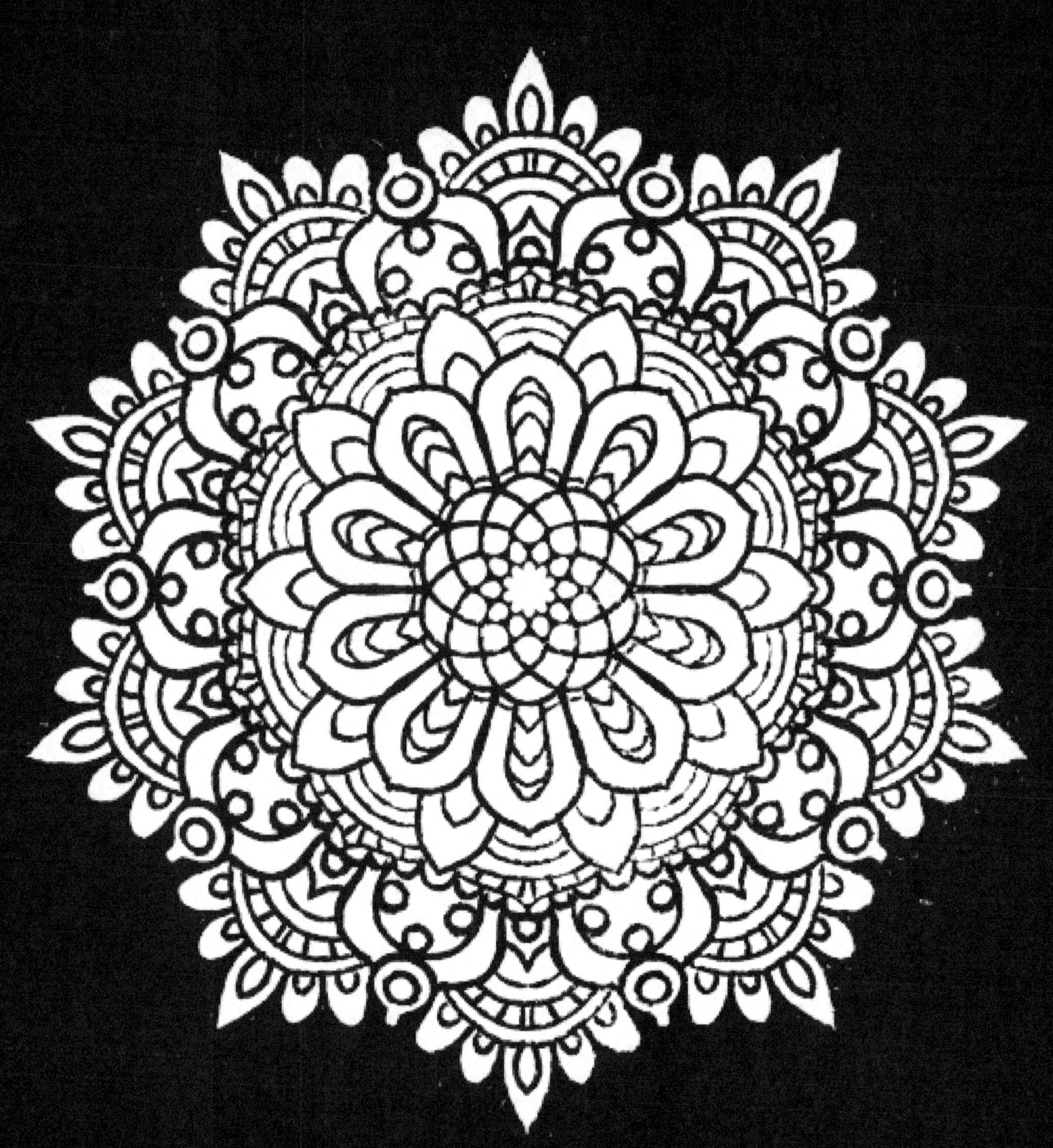

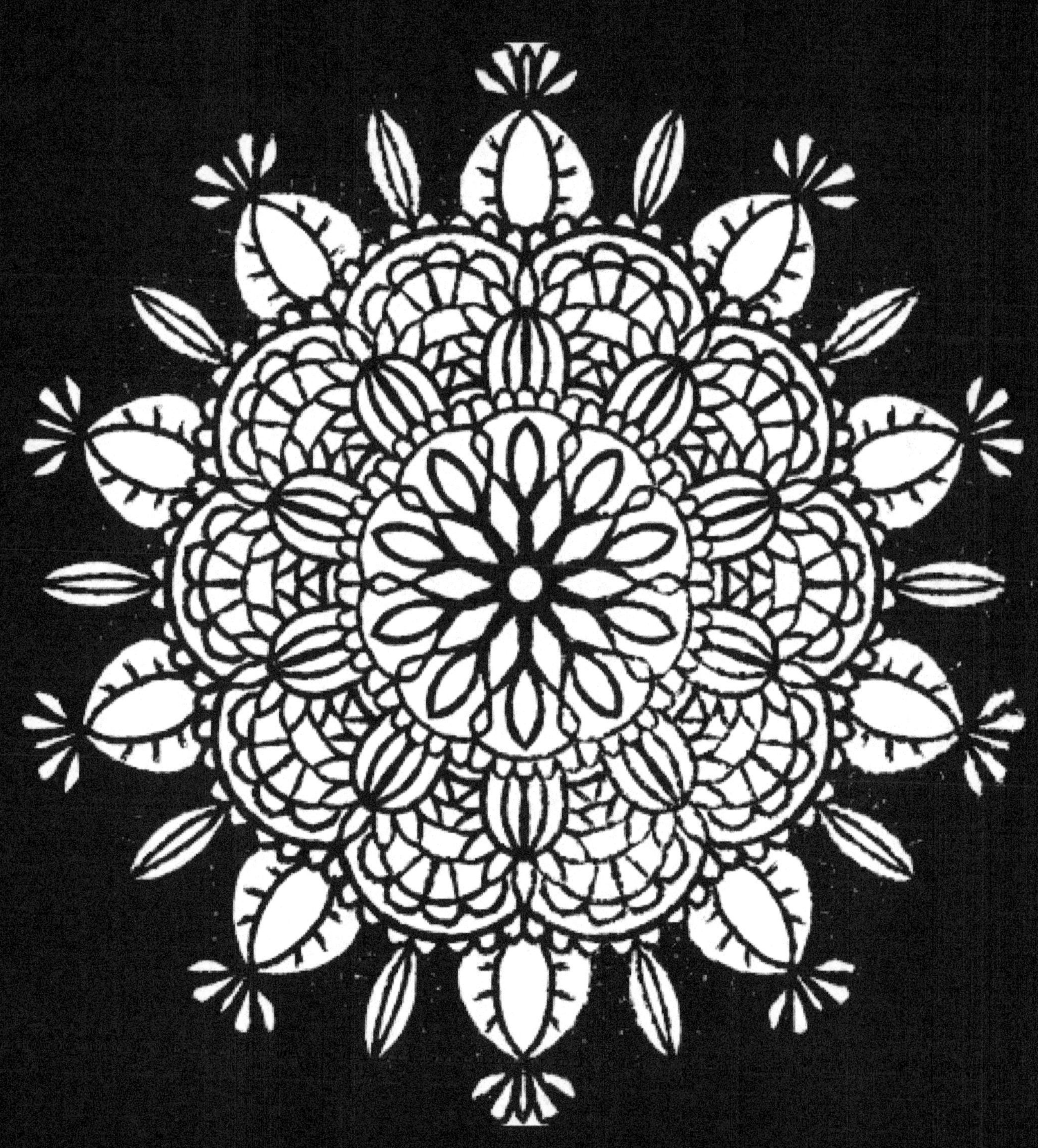

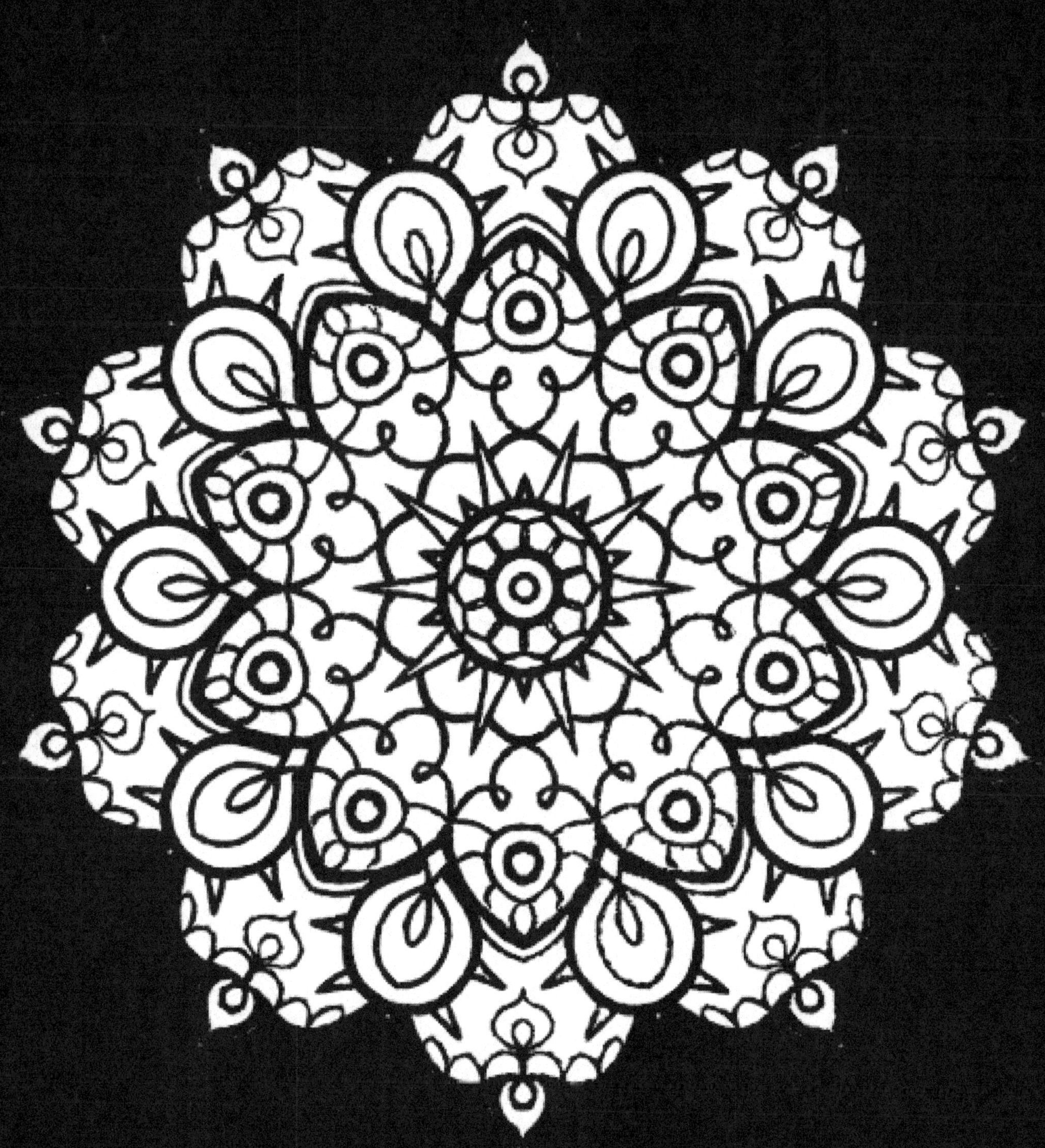

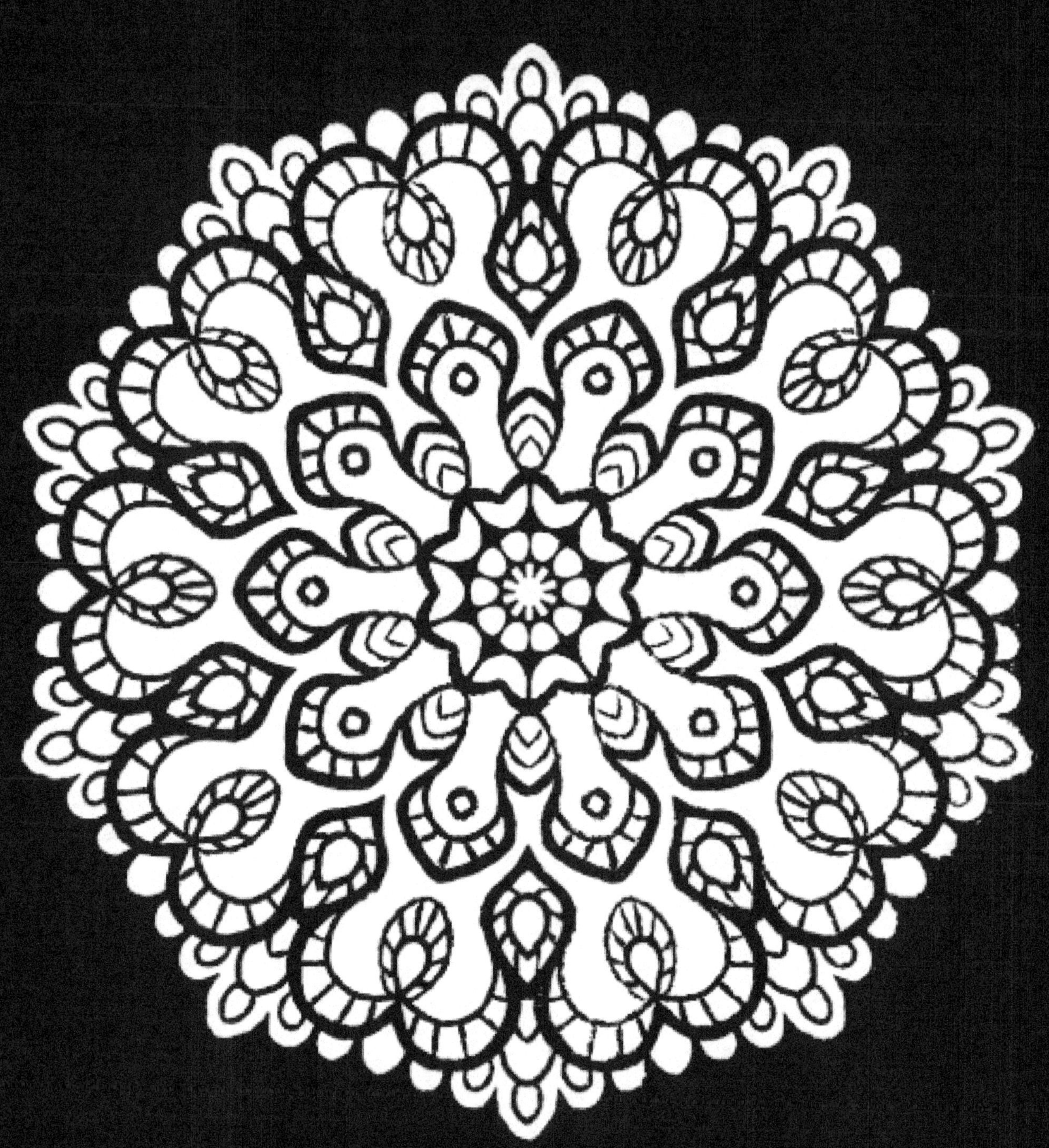

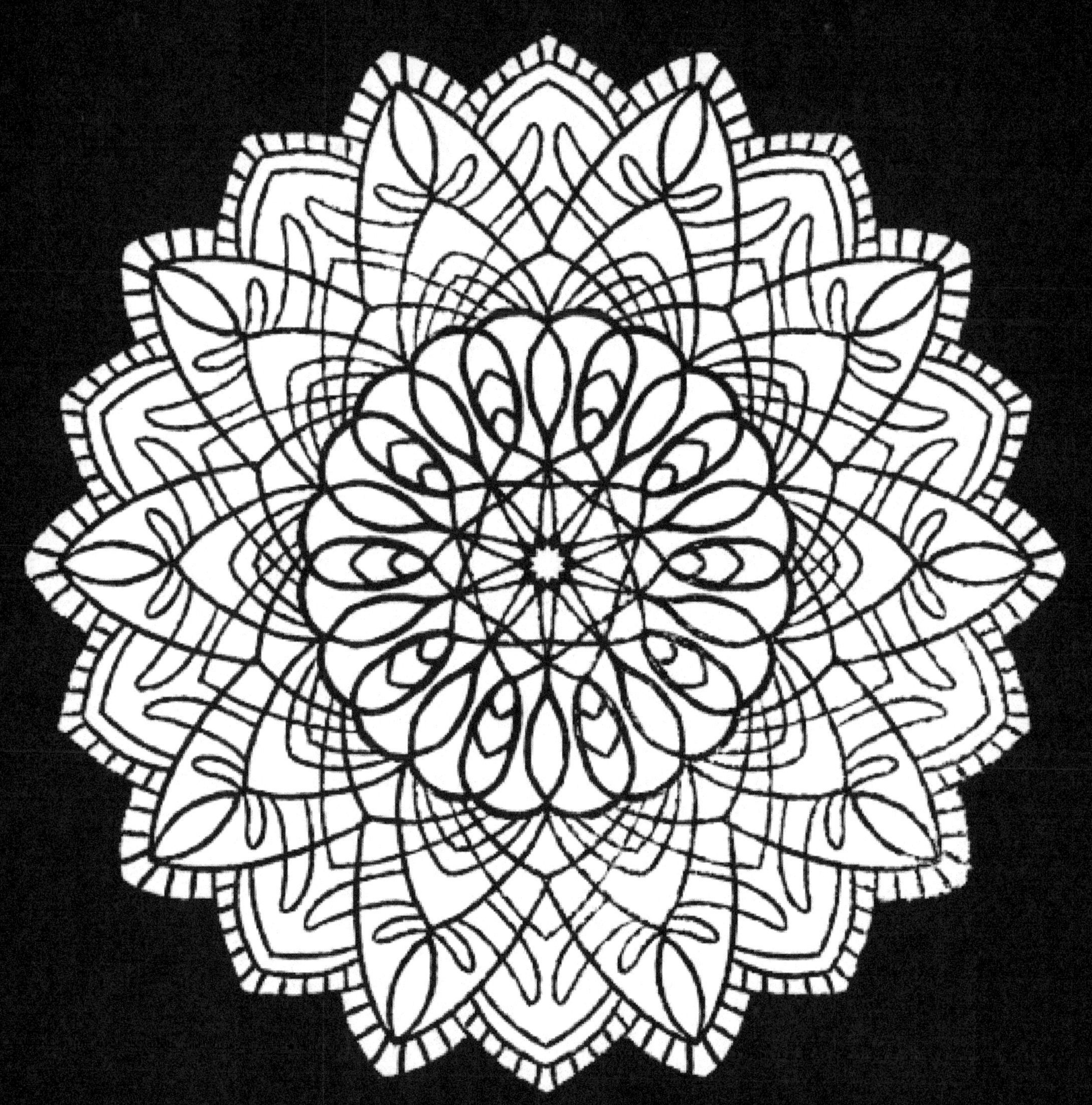

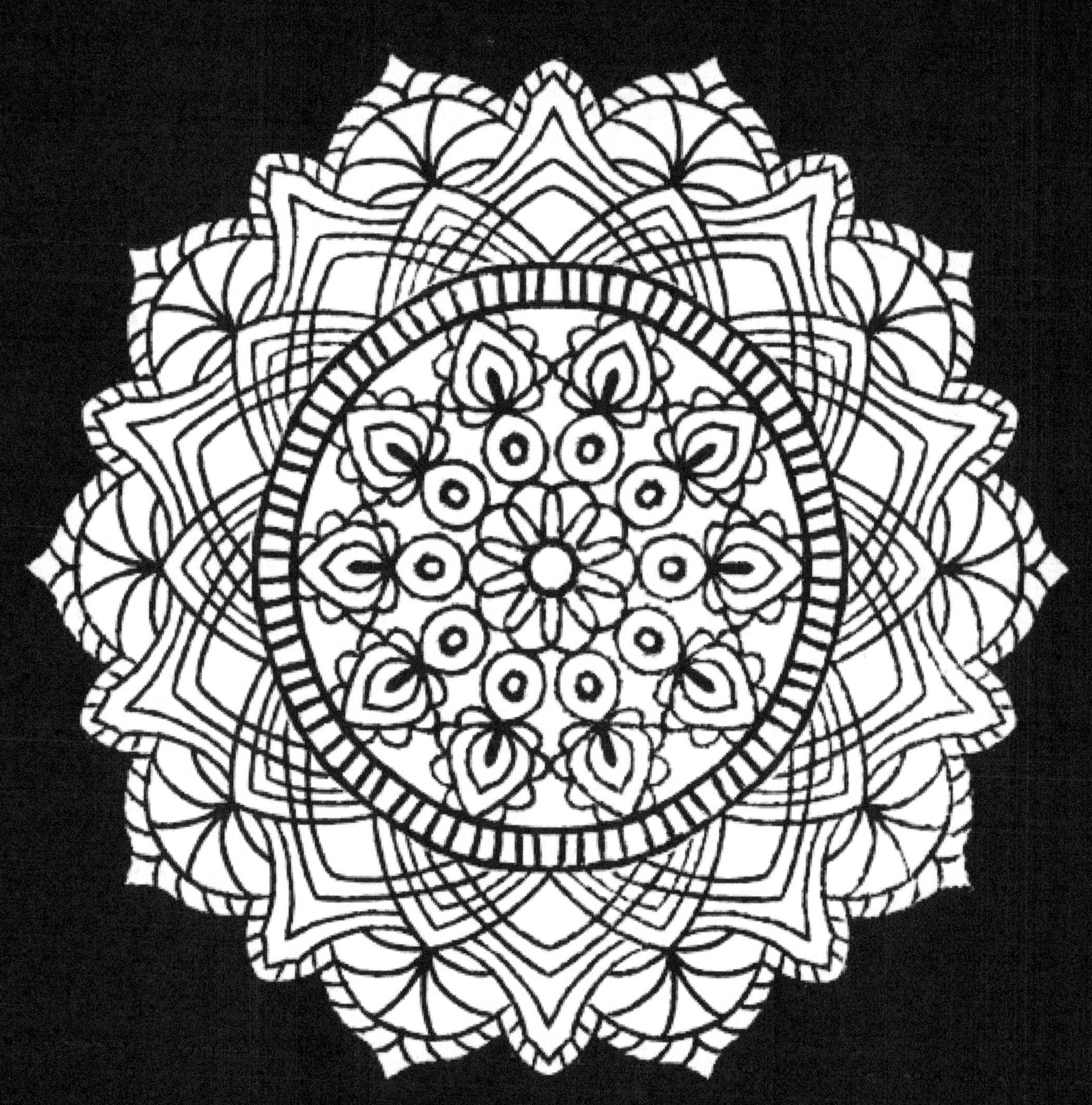

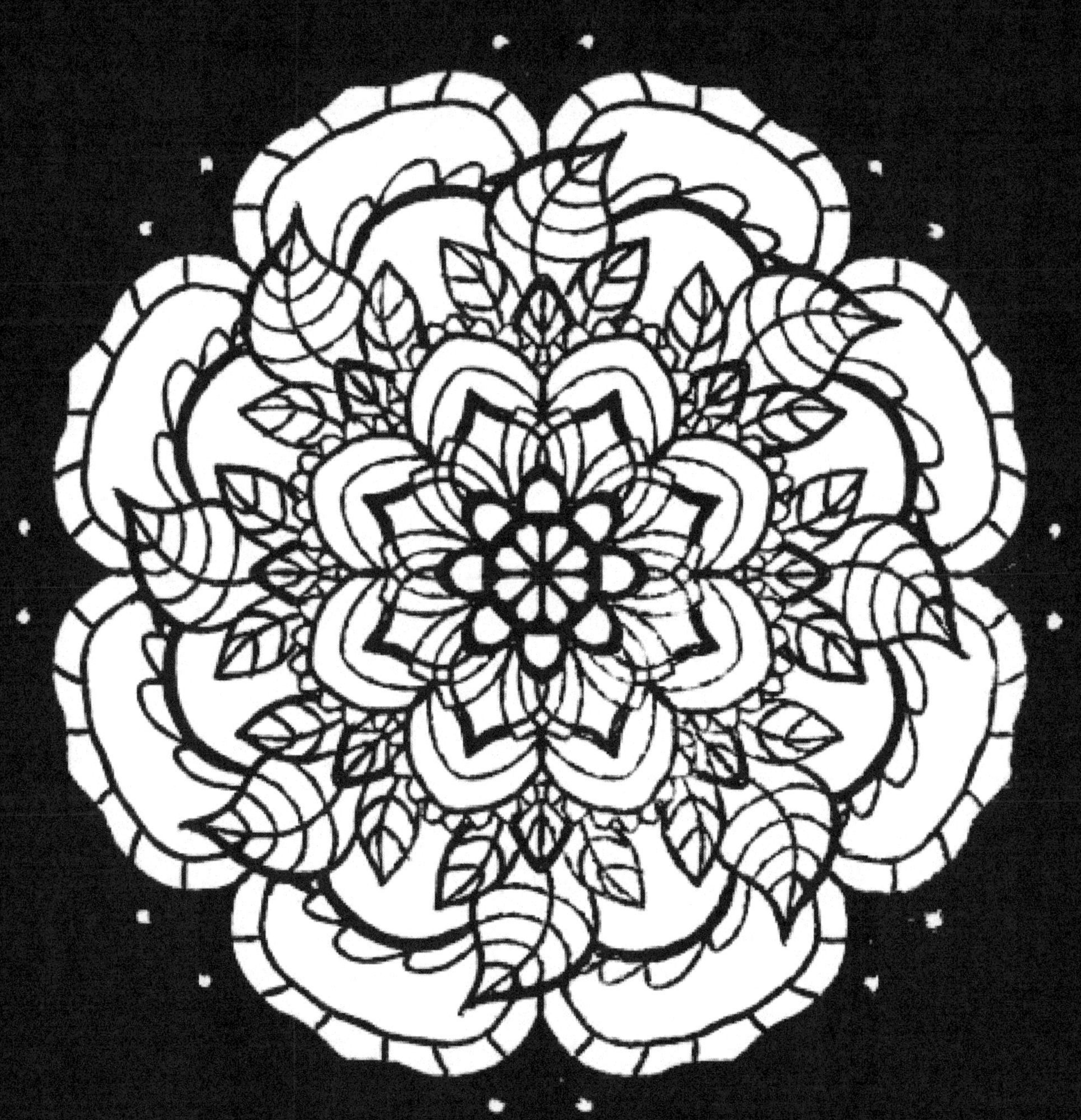

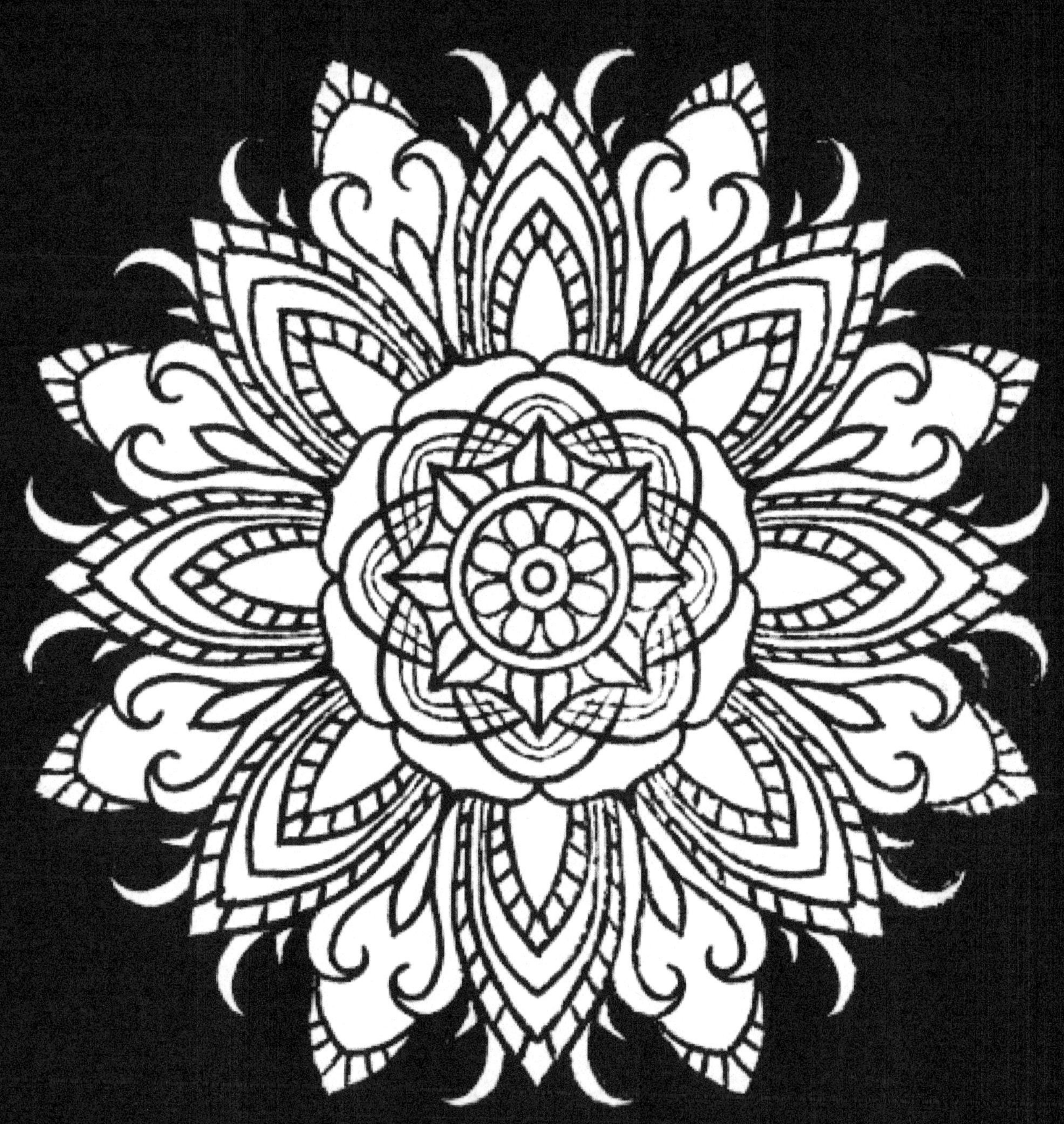

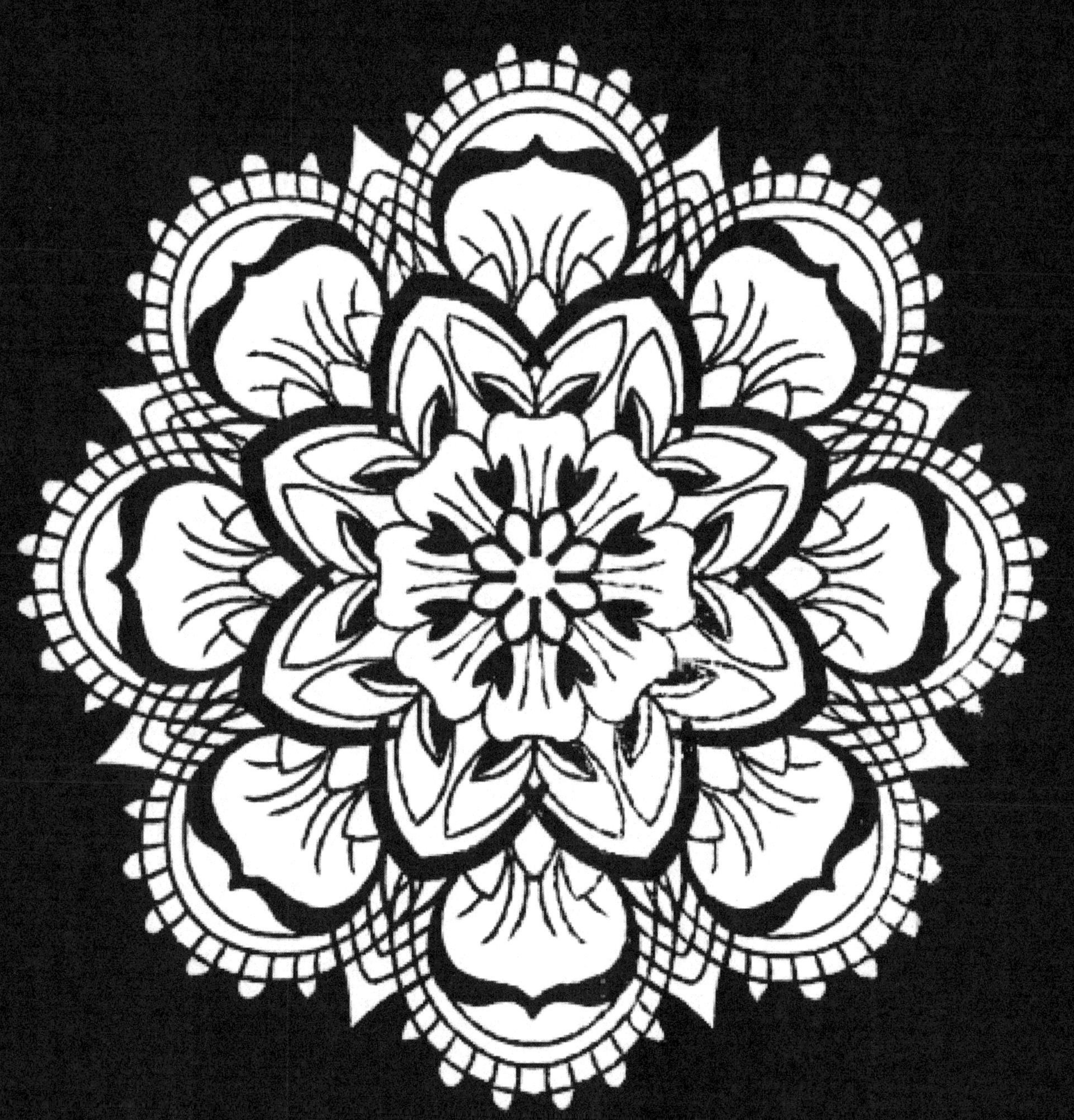

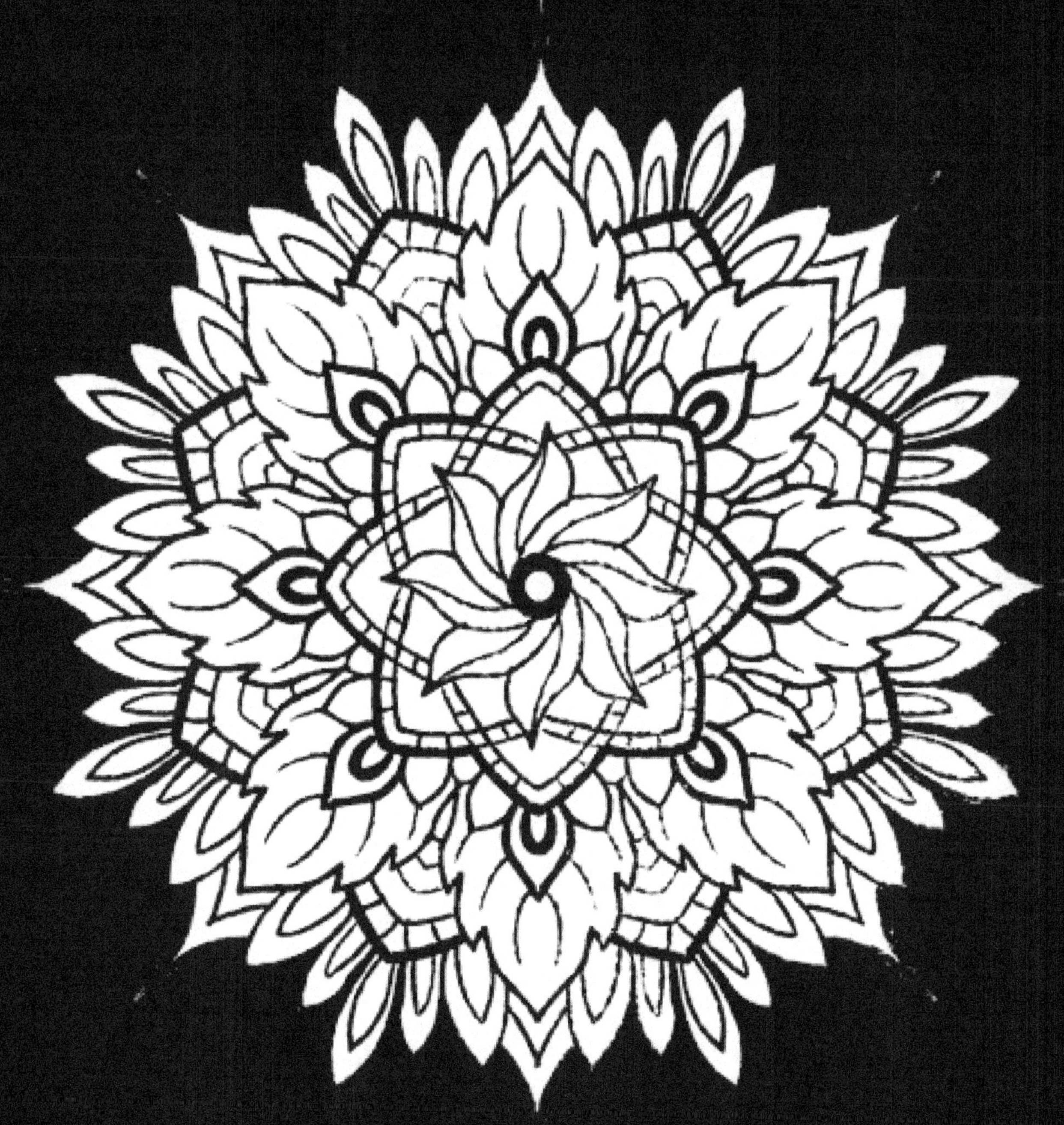

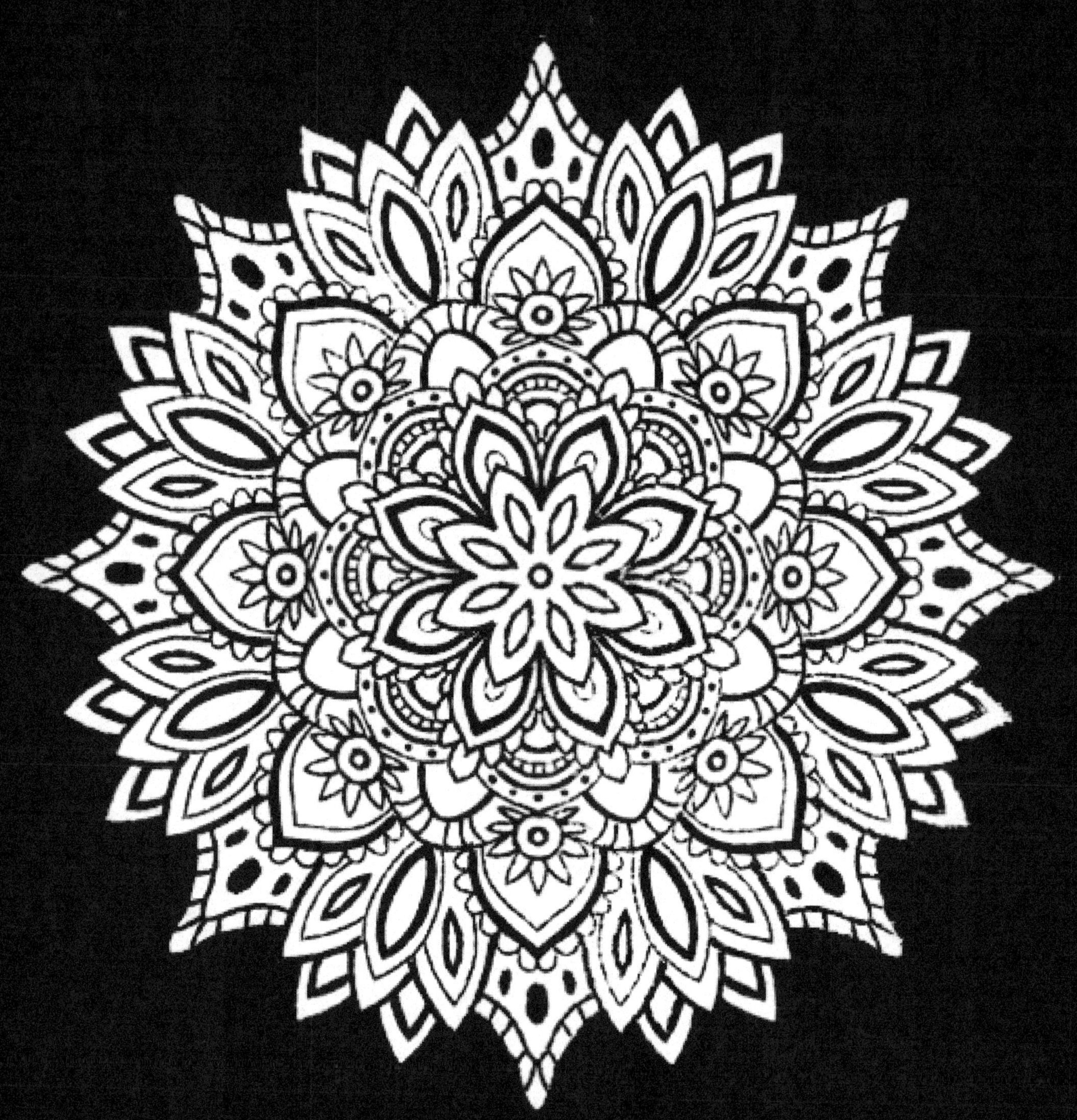

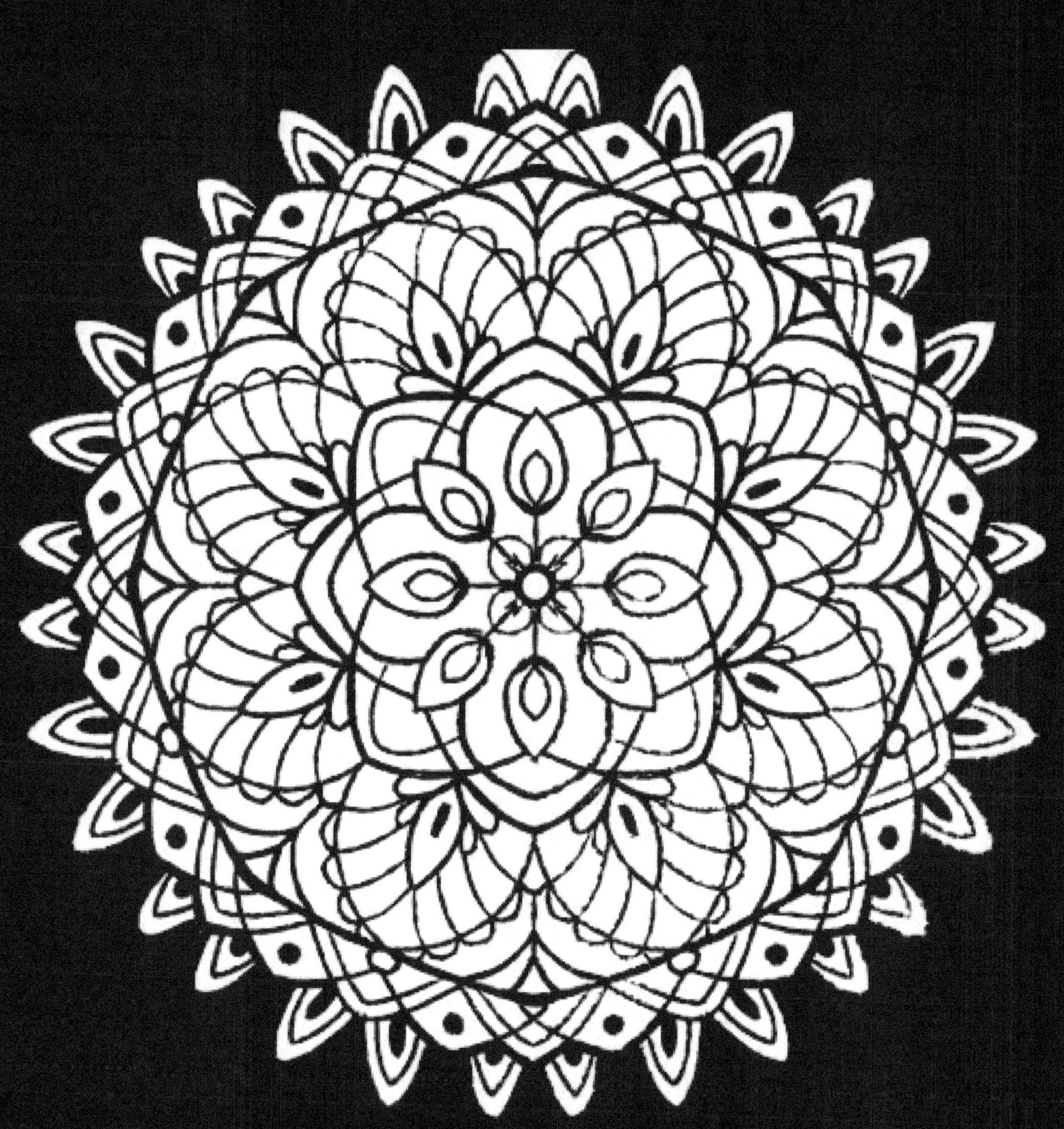

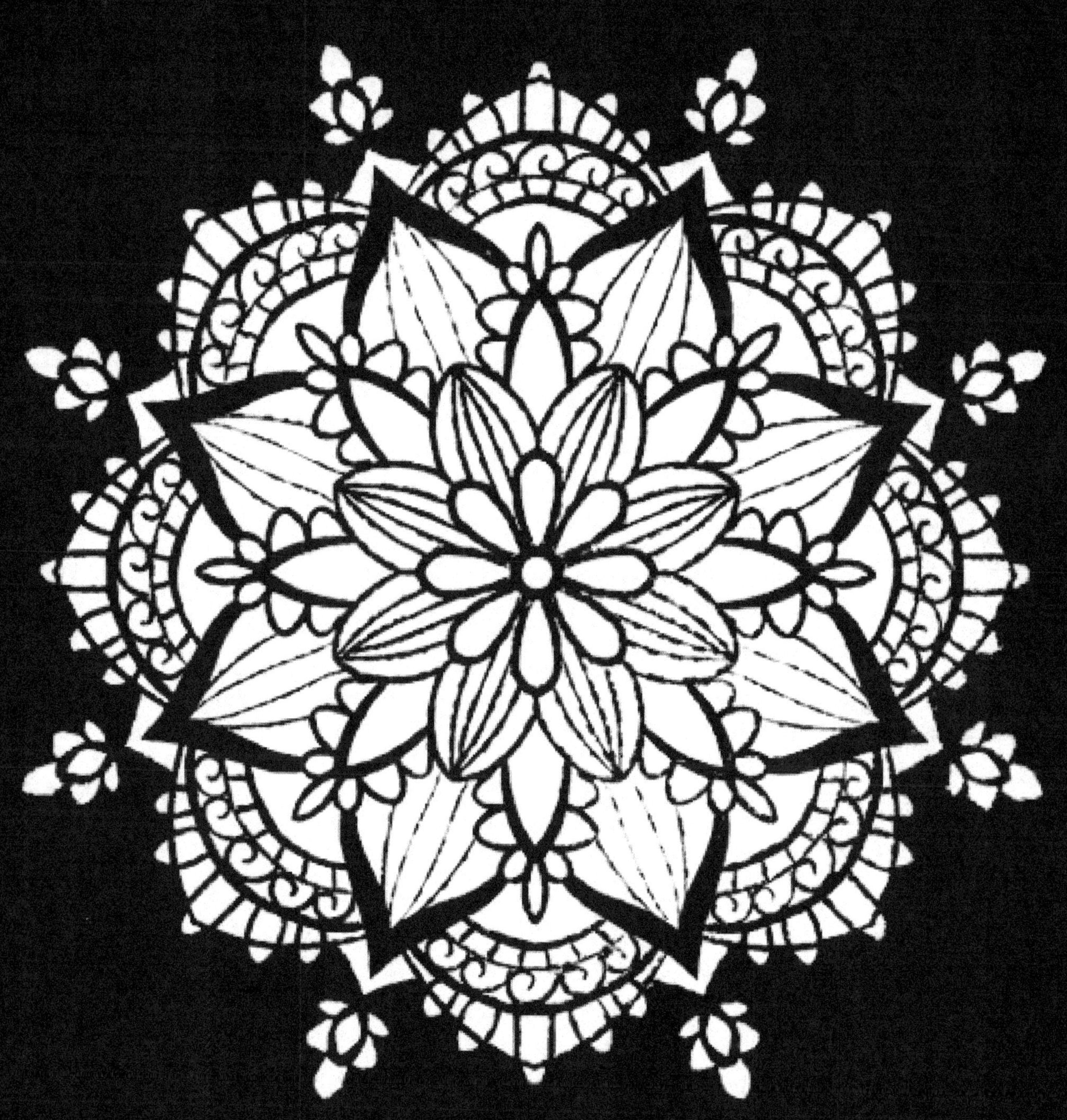

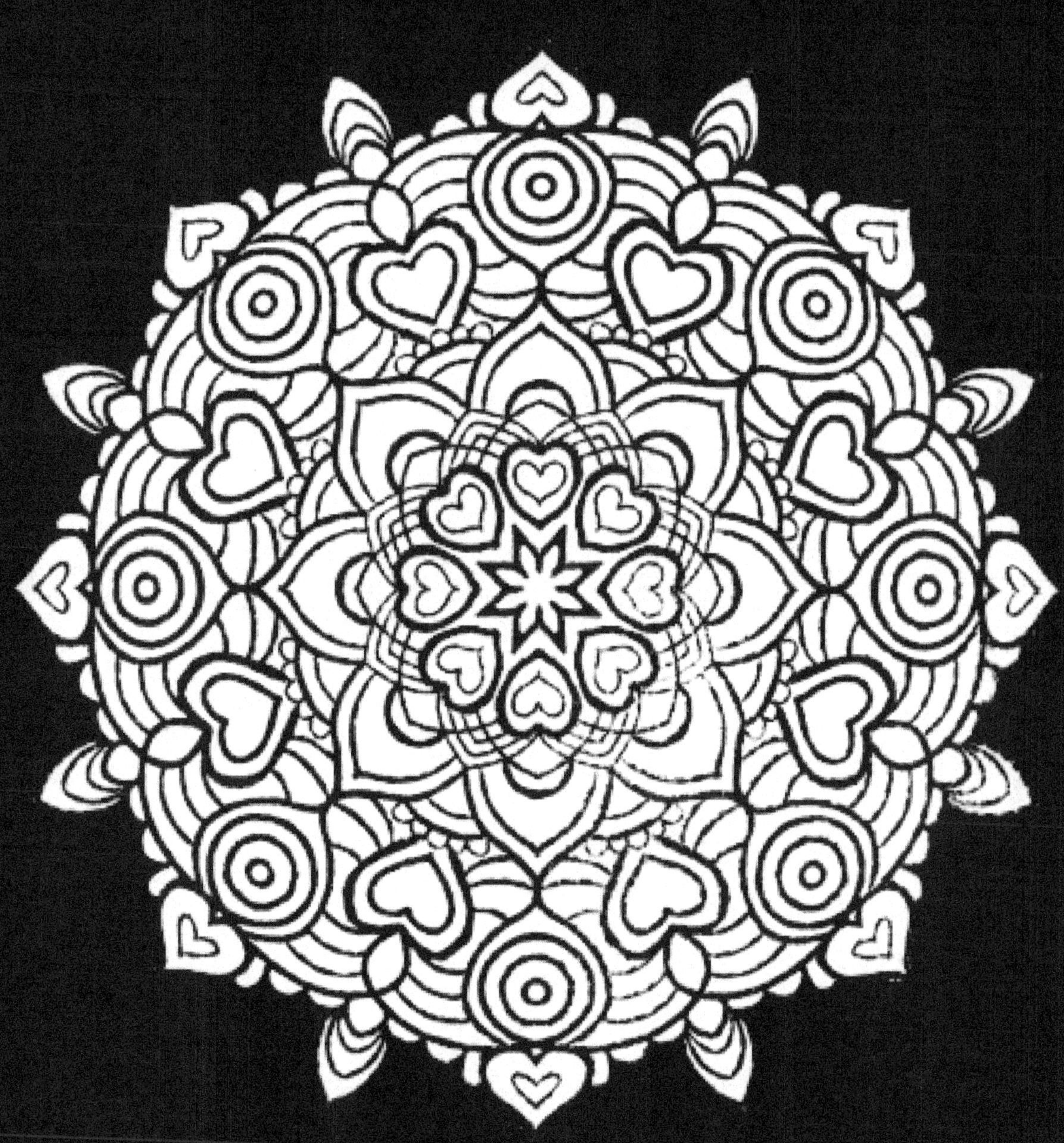

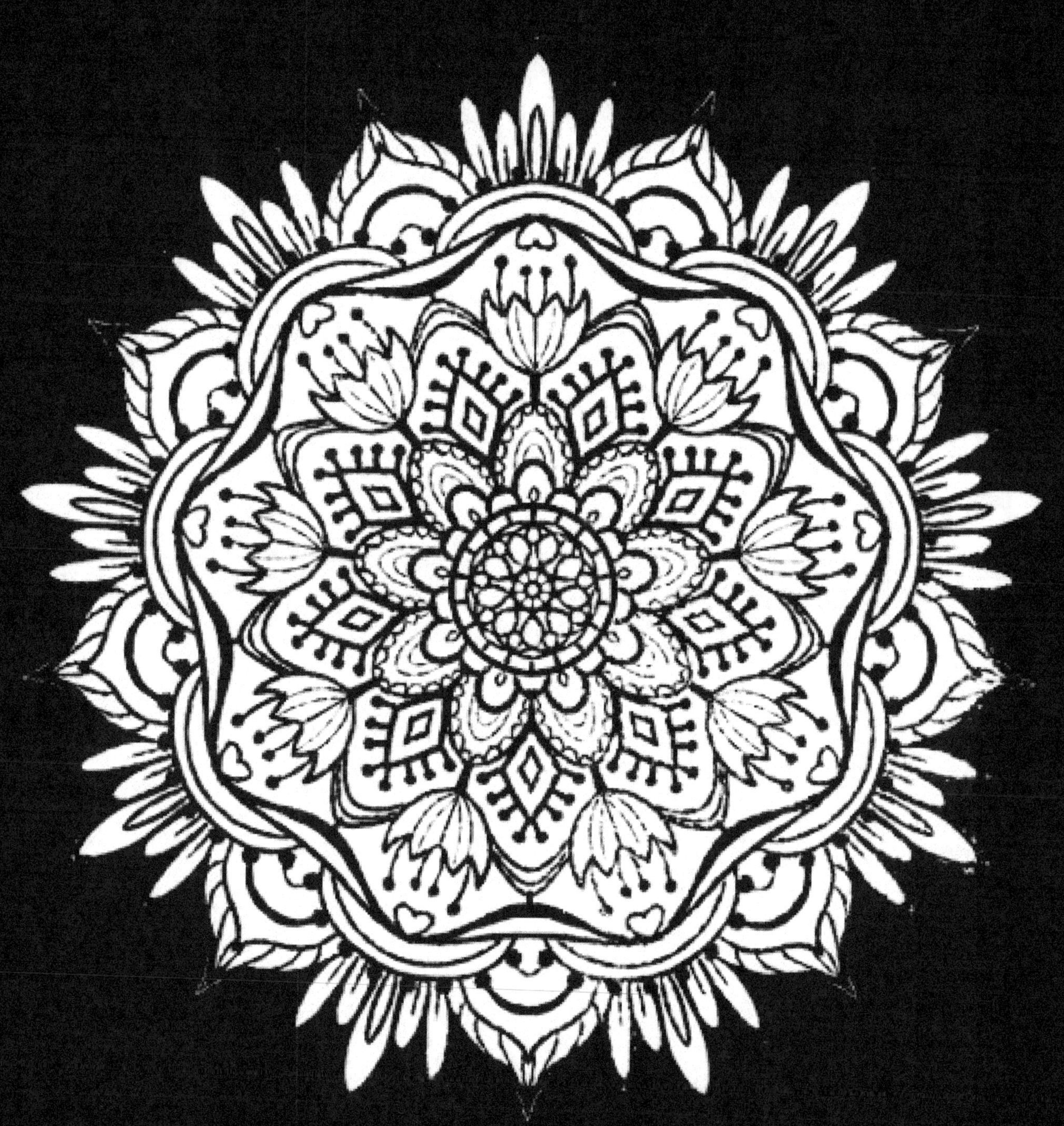

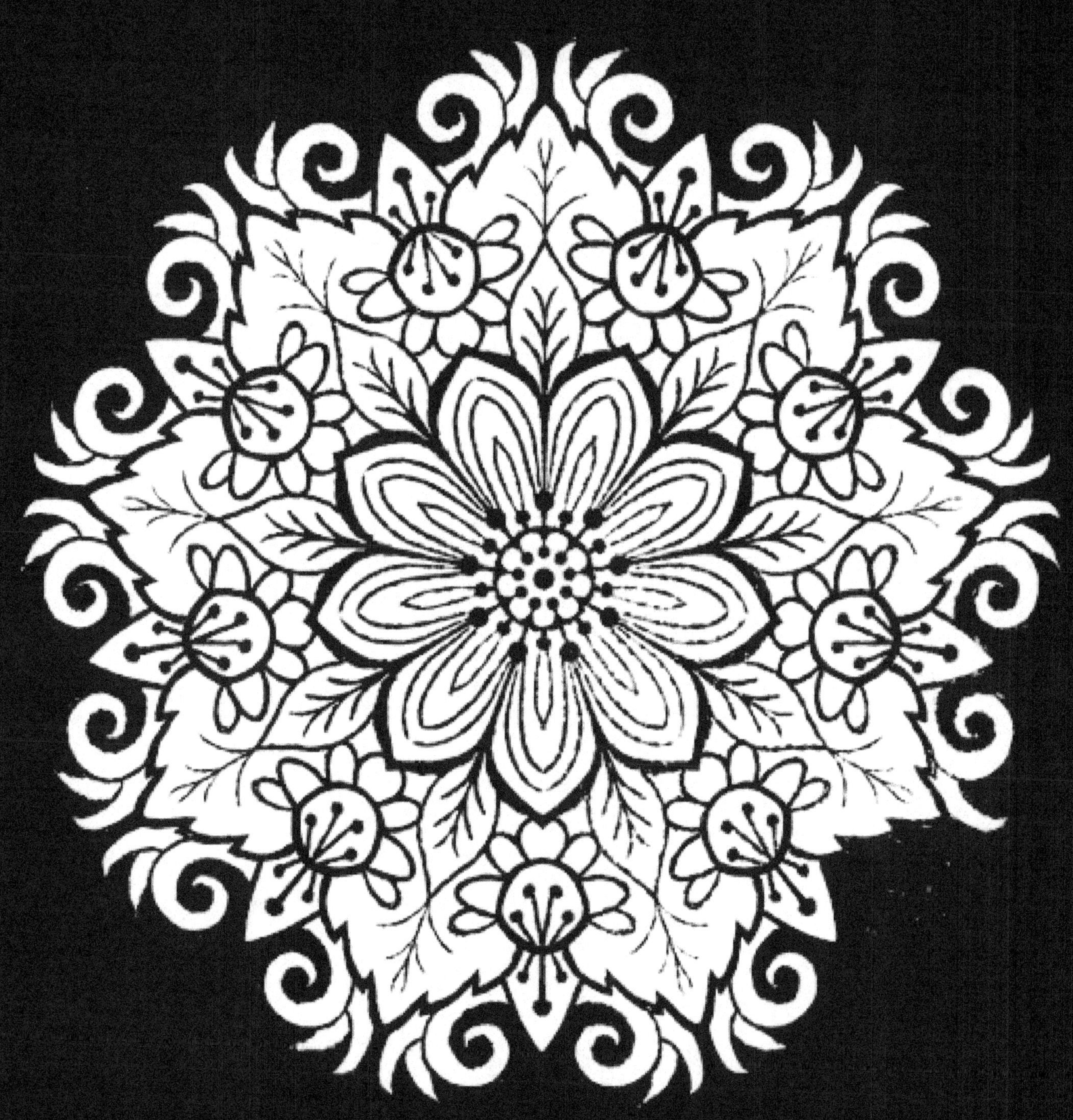

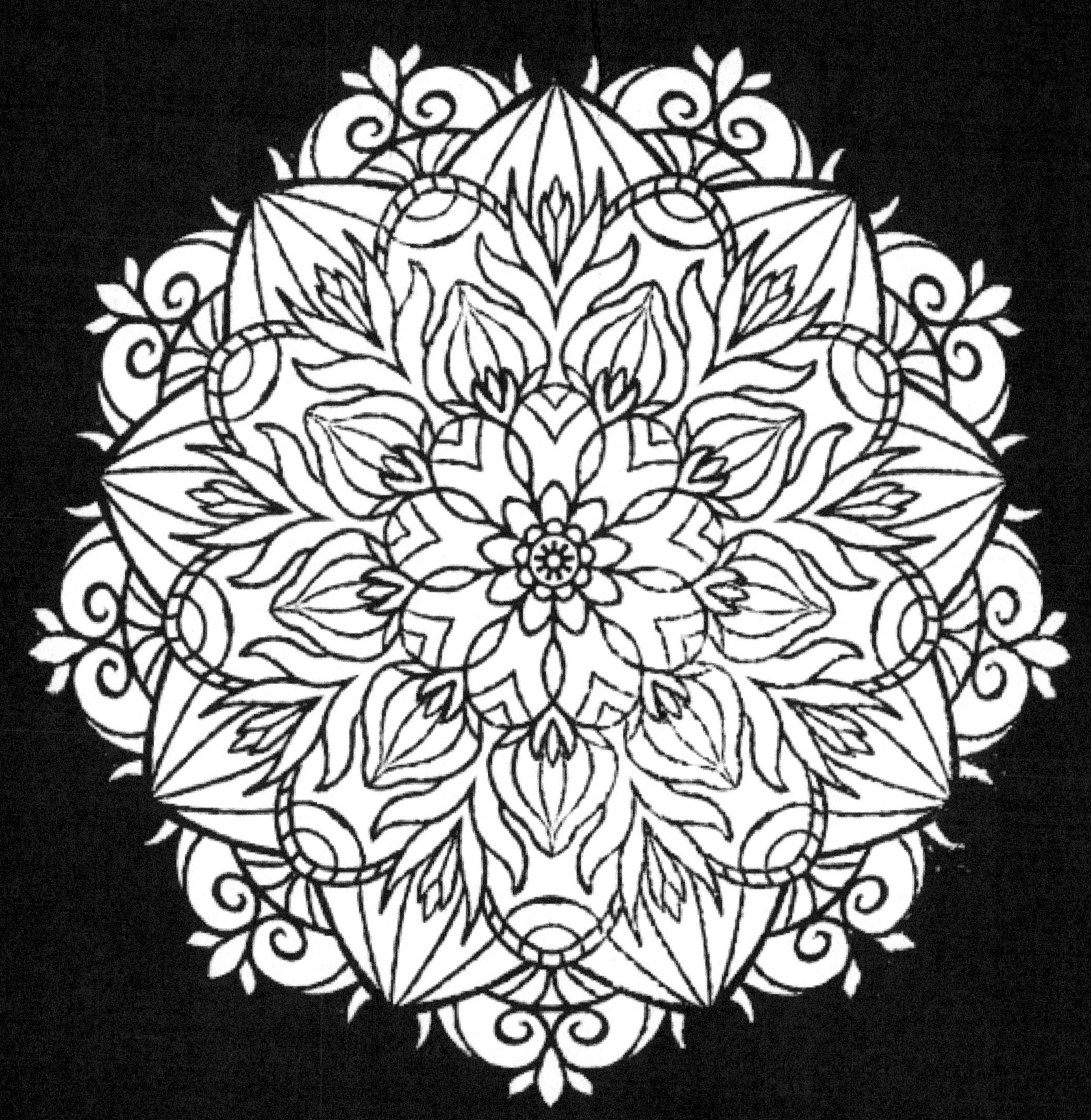

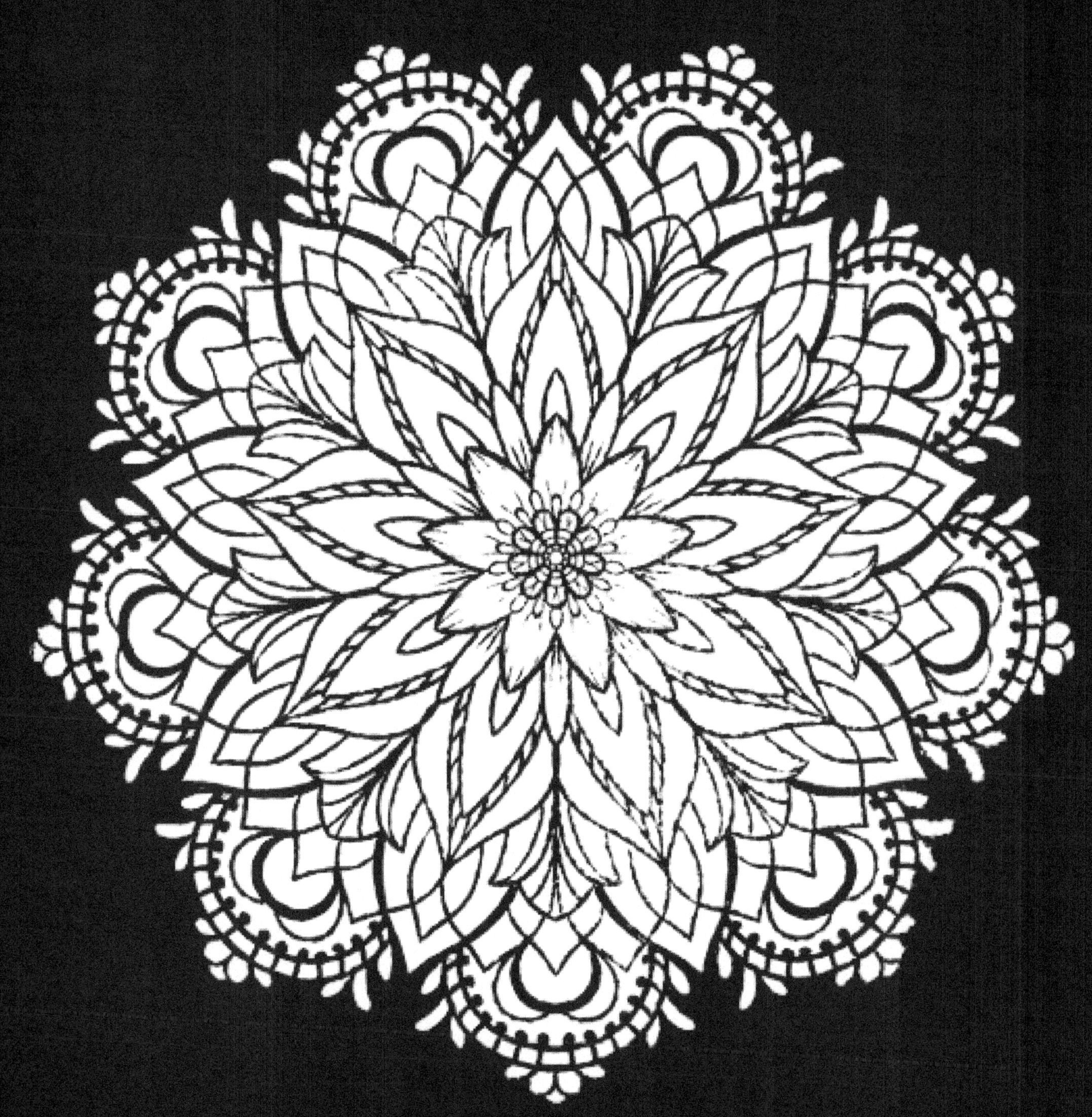